À pas de loup

RUSTY ~~~~   ~LD

Petits mo

Les po

Texte : Lucie Papineau
Illustrations : Julie Cossette

SASKATOON PUBLIC LIBRARY

C'est moi, Victor.

Et moi, j'aime bien les papillons, les nœuds papillon et la brasse papillon. J'aime aussi les histoires qui donnent l'impression d'avoir des papillons... dans l'estomac. Comme les histoires d'amour (eh oui, je l'avoue) et les histoires qui font très peur !

La vie du papillon

oeuf

chenille

papillon

chrysalide

MONSTRES

Et puis, j'adore Charlotte,
ma seule et unique petite sœur.

Il se passe quelque chose de pas normal avec Charlotte : elle ne cesse de faire des cauchemars !

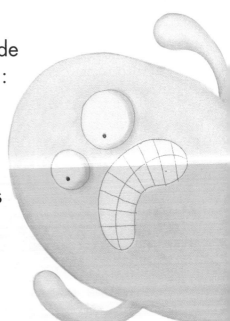

Des cauchemars avec des vampires, des maisons hantées, des momies possédées et toutes sortes de trucs horribles.

Moi, Victor, j'ai décidé de faire une recherche scientifique sur les cauchemars de Charlotte. Après des heures d'observation, j'ai enfin découvert les responsables.

Ce sont d'étranges petits monstres
que j'ai nommés :

Les pounes

1. Description physique

Les pounes ressemblent à des dragons miniatures. Sauf qu'ils sont munis d'ailes de papillon. Ça leur donne un air vraiment rigolo !

2. Habitat

Les pounes vivent en famille dans les taies d'oreiller. Comme ils sont minuscules, ils ont le don de passer inaperçus.

Et comme ils sont rusés, ils se cachent sous le lit chaque fois que c'est l'heure de laver les draps.

3. Nourriture

Les pounes ne mangent qu'une seule chose :
les rêves des enfants. Ils choisissent toujours les
rêves vraiment merveilleux, pleins de couleurs
et de bonheur. Ce sont les plus nourrissants...

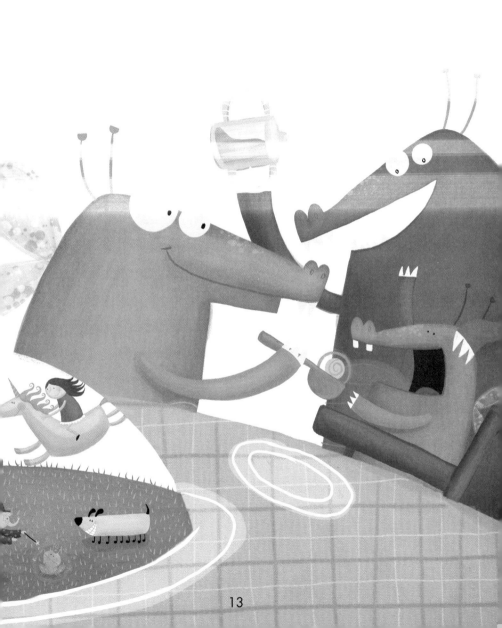

4. Mode de vie

Pendant la journée, les pounes dorment à poings fermés, en faisant bien attention de ne pas ronfler. La nuit venue, ils sortent de leur cachette quand leur enfant personnel fait un rêve très appétissant.

Les pounes s'approchent alors de son oreille...

... munis de leur aspirateur à rêves.

Les parents pounes aspirent le rêve en deux temps, trois mouvements. Les enfants pounes le mettent aussitôt en boîte.

La famille peut ensuite déguster son repas bien à l'aise dans sa tanière-taie d'oreiller.

17

6. Effets secondaires

La gourmandise des pounes a un drôle d'effet sur les enfants. Dès que les rêves sont aspirés, ils sont remplacés par d'affreux cauchemars peuplés de vampires, de momies et d'autres trucs horribles.

Et voilà, j'ai résolu le mystère des cauchemars !
Mais il reste une grave question : pourquoi
ma petite sœur Charlotte fait-elle beaucoup plus
de mauvais rêves que moi ?

Pendant que papa fait le lavage, je prends
ma loupe et me glisse sous mon lit. Je me faufile
ensuite sous celui de Charlotte.

Je découvre ainsi le pot aux roses : les pounes de Charlotte sont énoooooooormes ! Au moins trois fois plus grands que les miens ! Ils doivent être terriblement gourmands...

Aux grands maux les grands remèdes.

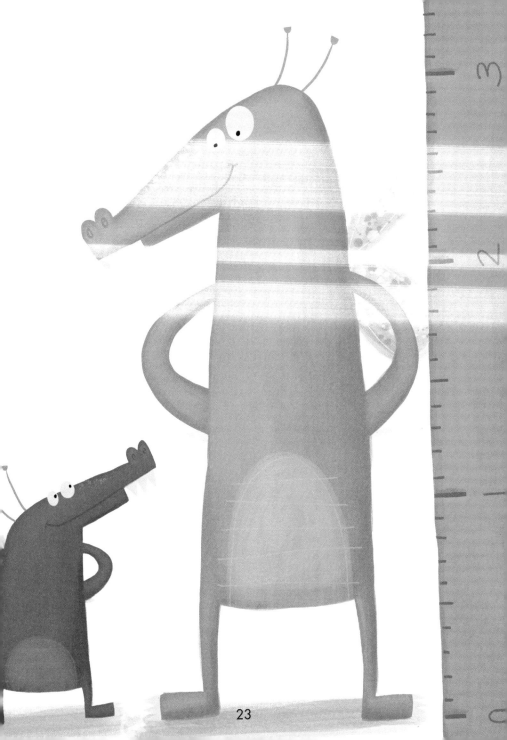

Grâce à mon filet à papillons, je capture ma famille de pounes au grand complet. Puis je les relâche sous le lit de Charlotte.

Je leur explique que ce lit et cette taie d'oreiller sont leur nouvelle demeure. S'ils essaient d'en sortir, je vais révéler leur existence au monstre du lavage (c'est comme ça qu'ils appellent papa).

Je capture ensuite la famille de pounes de Charlotte. Puis je les relâche sous mon lit.

C'est ainsi que moi, le frère modèle, je me suis sacrifié pour ma petite sœur en adoptant sa famille de pounes super-extra-gourmands.

Lorsque je l'ai mise au courant, Charlotte
a été totalement épatée. Et comme elle aime
bien les pounes, les rares cauchemars qu'elle
fait maintenant lui font beaucoup moins peur...

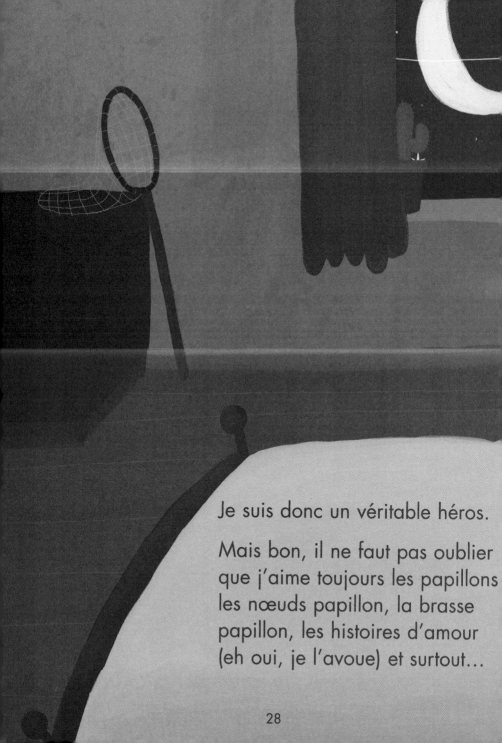

Je suis donc un véritable héros.

Mais bon, il ne faut pas oublier que j'aime toujours les papillons les nœuds papillon, la brasse papillon, les histoires d'amour (eh oui, je l'avoue) et surtout...

… celles qui font super-extra-peur !

Es-tu un monstre de lecture ?

C'est ce qu'on va voir…

Essaie de répondre aux questions suivantes.

a) Le papillon.
b) Le pou.
c) Charlotte.

a) Leur papa.
b) Leur grand-maman.
c) Les pounes.

4. Pourquoi les pounes de

les draps ?

gros que ceux de Victor ?

a) Ils se cachent sous l'oreiller.
b) Ils se cachent sous le lit.
c) Ils mettent une combinaison et un masque de plongée.

a) Ils ne font pas assez d'exercice.
b) Leur ancêtre était un géant.
c) Ils sont super-extra-gourmands.

Tu peux vérifier tes réponses en consultant le site Internet des éditions Dominique et compagnie, à :
www.dominiqueetcompagnie.com/apasdeloup.

À cette adresse, tu trouveras aussi des informations sur les autres titres de la série, des renseignements sur l'auteure et l'illustratrice et plein de choses intéressantes !

Tu as aimé cette histoire ?
Tu as envie de lire toutes les aventures des petits monstres ?

Voici les autres titres de cette série.